BEI GRIN MACHT SICH IHR WISSEN BEZAHLT

- Wir veröffentlichen Ihre Hausarbeit, Bachelor- und Masterarbeit

- Ihr eigenes eBook und Buch - weltweit in allen wichtigen Shops

- Verdienen Sie an jedem Verkauf

Jetzt bei www.GRIN.com hochladen und kostenlos publizieren

Bibliografische Information der Deutschen Nationalbibliothek:

Die Deutsche Bibliothek verzeichnet diese Publikation in der Deutschen Nationalbibliografie; detaillierte bibliografische Daten sind im Internet über http://dnb.d-nb.de/ abrufbar.

Dieses Werk sowie alle darin enthaltenen einzelnen Beiträge und Abbildungen sind urheberrechtlich geschützt. Jede Verwertung, die nicht ausdrücklich vom Urheberrechtsschutz zugelassen ist, bedarf der vorherigen Zustimmung des Verlages. Das gilt insbesondere für Vervielfältigungen, Bearbeitungen, Übersetzungen, Mikroverfilmungen, Auswertungen durch Datenbanken und für die Einspeicherung und Verarbeitung in elektronische Systeme. Alle Rechte, auch die des auszugsweisen Nachdrucks, der fotomechanischen Wiedergabe (einschließlich Mikrokopie) sowie der Auswertung durch Datenbanken oder ähnliche Einrichtungen, vorbehalten.

Impressum:

Copyright © 2016 GRIN Verlag
Druck und Bindung: Books on Demand GmbH, Norderstedt Germany
ISBN: 9783668679559

Dieses Buch bei GRIN:

https://www.grin.com/document/419310

G. Diken

**Freiheit des Selbstbewusstseins. Hegels Begriff von
Herrschaft und Knechtschaft in der "Phänomenologie
des Geistes"**

GRIN Verlag

GRIN - Your knowledge has value

Der GRIN Verlag publiziert seit 1998 wissenschaftliche Arbeiten von Studenten, Hochschullehrern und anderen Akademikern als eBook und gedrucktes Buch. Die Verlagswebsite www.grin.com ist die ideale Plattform zur Veröffentlichung von Hausarbeiten, Abschlussarbeiten, wissenschaftlichen Aufsätzen, Dissertationen und Fachbüchern.

Besuchen Sie uns im Internet:

http://www.grin.com/

http://www.facebook.com/grincom

http://www.twitter.com/grin_com

Freie Universität Berlin
Fachbereich Philosophie und Geisteswissenschaften
Institut für Philosophie

Modul: BM Einführung in die theoretische Philosophie

Seminar: Einführung in die theoretische Philosophie

Semester: Wintersemester 2016/ 2017

Freiheit des Selbstbewusstseins: Hegels Begriff von Herrschaft und Knechtschaft in der „Phänomenologie des Geistes"

3. Fachsemester
Deutsche Philologie
Philosopie

Inhaltsverzeichnis

1. Einleitung — 3

2. Die Hegelsche Methode — 3

3. Die Wahrheit der Gewissheit seiner selbst: Der Weg des Bewusstseins durch die Bewegung der Erfahrung — 4

    3.1 Die Verdoppelung des Selbstbewusstseins — 4

4. Selbstständigkeit und Unselbstständigkeit des Selbstbewusstseins: Herrschaft und Knechtschaft — 5

    4.1 Beidseitige Anerkennung — 5

    4.2 Der Kampf um Leben und Tod — 6

    4.3 Die Abhängigkeit zwischen Herr und Knecht: Der Weg zur Freiheit — 7

5. Fazit — 9

1. Einleitung

Das Wort Phänomenologie leitet sich aus den griechischen Wörtern *phainomenon* (Erscheinung) und *logos* (Wort/Lehre) ab. Bei Hegels „Phänomenologie des Geistes" handelt es sich also um einen Versuch, die Erscheinungsweisen des Geistes systematisch zu beschreiben. Der Aufbau der Phänomenologie folgt in insgesamt acht Kapiteln in den verschiedenen Erscheinungsformen des Geistes. Hegel untersucht dabei wie das Subjekt zur Erkenntnis gelangt, in dem den Weg von der sinnlichen Gewissheit bis hin zum absoluten Wissen beschreibt. Zu den bekanntesten Stellen in der Phänomenologie des Geistes gehört der Abschnitt über das in Herr und Knecht gespaltene Selbstbewusstsein. Hegel weist den beiden Teilen die Eigenschaften zweier antiker Ideologien zu: der Stoiker (Herr) und der Skeptiker (Knecht). Diese Schlüsselstelle zeigt, dass Hegel die Entwicklung des Geistes nicht nur individualpsychologisch, sondern immer auch menschheitsgeschichtlich betrachtet.

In der vorliegenden Arbeit möchte ich den Abschnitt Herrschaft und Knechtschaft untersuchen. Hierfür werde ich zunächst die Methode Hegels und die Entwicklung des Bewusstseins zum Selbstbewusstsein darstellen. In anschließenden Kapitel Herr und Knecht möchte ich das Verhältnis der dargestellten Selbstbewusstseine erläutern und die Entwicklung bis hin zur Selbstständigkeit des Knechts aufzeigen. Im Zentrum dieser Arbeit steht hierbei die Frage, durch welche Komponenten die Befreiung des Knechts herbeigeführt werden.

2. Die Hegelsche Methode

Das Prinzip der Hegelschen Methode ist die dialektische Aufhebung. Hegel spricht hierbei von einer Aufhebung des An-sich-seins und des Für-sich-seins in ein An-und-für-sich-sein. Es handelt sich hierbei um eine Aufhebung im dreifachen Sinne, die er wie folgt darstellt: Aufhebung im Sinne von Negation/Beendigung, Aufhebung im Sinne von einer Höherentwicklung, und Aufhebung im Sinne von Aufbewaren. Hegel sieht die Wirklichkeit in einer dialektischen Bewegung mit der sie fortschreitet. Die Dialektik ist für ihn nicht nur eine Denkmethode, sondern auch das Prinzip, das die Natur befolgt, beispielsweise die historische Entwicklung der Menschheit. Das Leben entwickelt sich durch Widersprüche und den daraus folgenden Einheiten, und bleibt gleichzeitig auch immer Widerspruch und Einheit.

3. Die Wahrheit der Gewissheit seiner selbst: Der Weg des Bewusstseins durch die Bewegung der Erfahrung

Hegel beschreibt das Bewusstsein von Anfang an als absolut, auch schon als nur sinnliche Gewissheit. Das Bewusstsein ist sich jedoch seiner selbst noch nicht Gewiss, das heißt es weiß noch nicht, dass es absolut ist. Es ist noch kein Selbstbewusstsein; also noch „an sich" und noch nicht „an und für sich". Durch den Weg der Erfahrung über einen dialektischen Prozess wird das Bewusstsein zum Selbstbewusstsein. Der dialektische Prozess findet zum einen an seinem Wissen, und zum anderen am entsprechenden Gegenstand statt. Die dialektische Bewegung, aus der ein neuer wahrer Gegenstand entspringt, nennt Hegel Erfahrung. Das heißt also, dass durch Erfahrung ein neues Wissen entsteht, und sich somit auch der Gegenstand beziehungsweise der Blick auf den Gegenstand verändert. Somit ist es also die Erfahrung, die den ersten Gegenstand vom zweiten erkannten Gegenstand differenziert. Diese Differenz beinhaltet auch den dialektischen Prozess, nämlich die Auflösung des Widerspruchs von gemeintem und später erkanntem Wahren. Dieser Widerspruch zwischen dem erkannten Gegenstand und dem wirklichen Gegenstand ist stets vorhanden, sodass jedes Mal, wenn das Bewusstsein versucht eine eigene Einheit und eine Einheit des Gegenstandes zu finden, die folgende Diskrepanz umso größer ist. Der Erfahrungsprozess besteht somit daraus, immer neue Einheiten aus Widersprüchen zu schaffen. Es ist also ein dialektischer Prozess, der implizit durch Widersprüche vorangetrieben wird.

3.1 Die Verdoppelung des Selbstbewusstseins

Während die sinnliche Gewissheit einen Gegenstand in seiner Ganzheit erfasst und die Wahrnehmung ihn in Eigenschaften aufgliedert, ist es die Aufgabe des Verstandes, das Ding hinter den Eigenschaften zu erkennen, um sich hieraus einen Begriff machen zu können. Als Kategorie wirkt hierfür die Kraft. Sie ist es, die das Innere der Gegenstände ausmacht. Die Kraft ist wesentlich stets doppelt vorhanden, und zwar als Kraft und Gegenkraft, die sich wechselseitig beeinflussen. Erfassen und durchschauen kann die Kraft und ihre Gesetze nur der Verstand. Wenn der Verstand hinter die sinnliche Welt blickt und die Kraft dahinter entdeckt, erfährt er von seinem Wissen. Er wird zum Selbstbewusstsein, zum Wissen um sich selbst. Das Selbstbewusstsein als für-sich-seiendes Wesen wird angetrieben von der Begierde. Diese Begierde bezieht sich auf einen unmittelbaren Gegenstand der sinnlichen Gewissheit und des Wahrnehmens. Somit hat das Bewusstsein als Selbstbewusstsein einen doppelten Gegenstand, den unmittelbaren Gegenstand und sich selbst. Es sieht in ihm jedoch kein anderes Wesen, sondern lediglich sich selbst und hebt es daher doppelsinnig auf, um sich selbst darin wiederzufinden. Daraufhin findet es zu sich selbst und lässt das andere Selbstbewusstsein somit frei. Durch die Befriedigung der Begierde nach dem Gegenstand in Form von Vernichtung oder Veränderung, erlangt es seine wahre Gewissheit über sich selbst, macht aber auch die Erfahrung von der Selbstständigkeit seines Gegenstandes. Dieser Gegenstand hat somit ein eigenes Selbstbewusstsein, welches sich im Selbstbewusstsein realisiert. Es „ist ein Selbstbewusstsein für ein Selbstbewusstsein."[1] Das Selbstbewusstsein zeichnet sich sowohl durch das aus, wovon es sich unterschieden hat, als auch durch das von diesem Unterschiedene. Somit ist es gleichzeitig Gegenstand und auch Unterschiedenheit. Dadurch entstehen im Selbstbewusstsein zwei Extreme. Die Mitte dieser Extreme ist das Selbstbewusstsein selbst.

4. Selbstständigkeit und Unselbstständigkeit des Selbstbewusstseins: Herrschaft und Knechtschaft

4.1 Beidseitige Anerkennung

Das Selbstbewusstsein realisiert sich also nur als ein bloß Lebendiges als Begierde. Es findet seine Befriedigung als Selbstbewusstsein aber nur in seiner Realisierung als Selbstbewusstsein.[2] Diese Realisierung findet es an sich nur in einem anderen Selbstbewusstsein. Damit wäre der Begriff des Geistes erlangt. Die beiden Selbstbewusstseine sind zwar füreinander existent, erkennen sich aber nicht gegenseitig als selbstständige für-sich-seiende Wesen an. Das Selbstbewusstsein braucht seine Einheit, die es nur in der gegenseitigen Anerkennung der beiden Extreme erfährt. Diese Einheit entsteht nur in und durch die Anerkennung des Anderen. Das Bewusstsein wird sich somit nicht nur seiner selbst, sondern auch der Gewissheit des anderen seiner selbst gewiss. Das Selbstbewusstsein wird nicht wie zuvor mit einem unmittelbarem Gegenstand, sondern mit einem für-sich-Seienden Selbstständigem konfrontiert:

„Das Selbstbewusstsein ist an und für sich, indem und dadurch, dass es für ein Anderes an und für sich ist; d.h. es ist nur als ein Anerkanntes."[3]

---

[1] Hegel, Georg Wilhelm Friedrich: Phänomenologie des Geistes. Frankfurt am Main, 1970. S. 144
[2] Vgl. Ebenda
[3] Ebenda, S. 145

4.2 Der Kampf um Leben und Tod

Dieses Bewusstsein der eigenen Gewissheit, der eigenen Individualität, setzt Interaktionen und Wechselseitigkeit voraus. Hegel stellt hierfür die Ungleichheit der beiden Selbstbewusstseine dar, indem er nur das eine Selbstbewusstsein als Anerkanntes und das andere Selbstbewusstsein als Anerkennendes ausführt. So wie das begierige Selbstbewusstsein zuvor den Gegenstand vernichtete, versuchen nun die beiden Selbstbewusstseine in ihrer Begier sich gegenseitig zu vernichten.

> „Das Verhältnis beider Selbstbewusstsein ist also so bestimmt, daß sie sich selbst einander durch den Kampf um Leben und Tod bewähren.– Sie müssen in diesen Kampf gehen, denn sie müssen die Gewissheit ihrer selbst, für sich zu sein, zur Wahrheit an dem Anderen und an ihnen selbst erheben."[4]

Dies wird an einem Kampf um Leben und Tod dargestellt, bei dem das eine Individuum für die Anerkennung sein Leben einsetzt, während das Andere versucht sein Leben zu bewahren, da sein Leben für ihn das Wesentliche ist. Andernfalls würde die paradoxe Situation bestehen, dass der zur Anerkennung notwendige Anerkennende nicht mehr vorhanden ist. Aus diesem Kampf könnte demnach kein Sieger hervorgehen, da durch die Vernichtung des Anderen keine Gewissheit über sich selbst zu Stande kommen kann. Im Gegensatz zur Negation des Bewusstseins, bei der das Aufgehobene aufbewahrt wird und somit überlebt, beschreibt Hegel diesen Vorgang des Todes im Kampf um Leben und Tod als abstrakte Negation, bei der es für eines der beiden keine Möglichkeit der Höherentwicklung durch die Dialektik gibt, weil sie sich nicht zu einer Einheit verbunden haben. Sie sind gegensätzlich, könnten sich aber gegenseitig nicht mehr als entgegengesetzte zwei Extreme bestimmen, dessen Mitte der neue Zustand wäre, da diese Mitte mit einem der Selbstbewusstseine sterben würde, und damit auch das Andere. Um das Ziel der Anerkennung zu erlangen, muss der Eine auf die Befriedigung seiner Begierde verzichten, um die Begierde des Anderen zu befriedigen, er muss also anerkennen, ohne selbst Anerkennung zu erfahren. Aus diesem Kampf resultiert demnach, dass zwei Momente des Bewusstseins entstehen, die sich als Gegensätze gegenüberstehen:

> „... die eine das selbstständige, welchem das Fürsichsein, die andere das unselbstständige, dem das Leben oder das Sein für ein Anderes das Wesen ist; jenes ist der Herr, dies der Knecht."[5]

---

[4] Hegel: Phänomenologie des Geistes, S. 148
[5] Ebenda, S. 150

4.3 Die Abhängigkeit zwischen Herr und Knecht: Der Weg zur Freiheit

Hegel bezeichnet das selbstständige Bewusstsein als Herr und das unselbstständige Bewusstsein als Knecht und stellt dar, dass sich der Herr letztendlich als unselbstständiges und der Knecht als selbstständiges Selbstbewusstsein erweist.

Zunächst behauptet sich der Herr als selbstständiges, für-sich-seiendes, freies Bewusstsein, da er vorerst ein ihn anerkennendes Bewusstsein, den Knecht, besitzt, mit dem er vermittelt ist: „Der Herr bezieht sich auf den Knecht mittelbar durch das selbstständige Sein;".[6] Durch den Knecht ist er mit der Dingheit verbunden, da für diesen die Dingheit das Wesentliche ist. Er bearbeitet den Gegenstand der Begierde und stellt ihn dem Herrn bereit: „Ebenso bezieht sich der Herr mittelbar durch den Knecht auf das Ding."[7] Der Herr erlangt seine Befriedigung im Genuss des Anerkanntseins durch den Knecht, den er zwingt die Natur für ihn zu bearbeiten. Somit entsteht ein ungleiches Anerkennen. Er muss sich nicht selbst an die Gegenstände binden, da diese bereits dem Sein des Knechtes untergeordnet wurden, und somit in einer Form sind, die sie als Gegenstände brauchbar macht. Somit bleibt für ihn die reine Negation des Gegenstandes zwar bestehen, er kann aber dennoch die Dingwelt genießen. Dadurch wird er aber vom Produkt der knechtischen Arbeit abhängig und verliert seine Selbstständigkeit. Unmittelbarkeit und reine Negation der Gegenstände fallen zusammen. Der Knecht hat zunächst in der Angst um sein Leben seine Selbstständigkeit aufgegeben und sich dem Herrn unterworfen und bearbeitet für ihn die Natur. Er wird zwar zu dieser Arbeit gezwungen, ihm wird aber im objektiven Produkt seiner Arbeit seine subjektive menschliche Wirklichkeit bewusst. Es entsteht das sogenannte knechtische Bewusstsein. [8]Indem er die Natur bearbeitet und verändert, entwickelt und bildet er sich auch selbst und wird dadurch selbstständig. Somit wird beim Knecht der Gegenstand nicht wie im Genuss des Herrn bis zur völligen Vernichtung negiert, sondern aufbewahrt. Die Begierde des Herrn ist nur eine einfache Negation, sie vernichtet den Gegenstand nur. Die Arbeit hingegen formt und bildet den Gegenstand und macht ihn bleibend, es ist also Negierung im Sinne von „Aufhebung". Während sich der Knecht in der Natur Bildung aneignet und sich durch die gesammelten Erfahrungen zum Selbstständigeren entwickelt, fällt die Fortentwicklung des Herrn aus, da er durch den Dienst des Knechts keinerlei Möglichkeit auf Weiterbildung erlangt. Die Knechtschaft

---
[6] Hegel: Phänomenologie des Geistes, S. 151
[7] Ebenda
[8] Vgl. Ebenda, S. 152

wird also das Gegenteil dessen, was es ist und kehrt sich zur wahren Selbstständigkeit um. Die Hierarchie wird somit aufgehoben, der Knecht löst sich aus der gemeinsamen Einheit los. Durch die ursprüngliche Todesfurcht verändert sich die Perspektive des Knechts. Er findet die Wahrheit des reinen Für-Sich-seins, also die Anerkennung seiner selbst, in der Form des Gegenstandes, also des Produkts seiner Arbeit. Mit dem Bearbeiten des Gegenstandes wird aber auch die ursprüngliche Furcht bearbeitet. Hegel setzt die Fremd- und Entgegengesetztheit des Gegenstands mit der ursprünglichen Angst des Knechts gleich. Indem diese Fremdheit durch das dienende Bewusstsein durch Formen aufgehoben wird, verschwindet auch seine Angst. Im Gegensatz zum Herrn muss sich der Knecht die Befriedigung erst erarbeiten, demnach ist seine Begierde durch die Arbeit gehemmt, da er sie nicht sofort befriedigen kann. Die Entwicklung des knechtischen Bewusstseins verläuft also in drei Stufen: Als Wahrheit seines Wesens im Herrn ist ihm sein für-sich-Sein ein anderes; in der Furcht ist für-sich-Sein an ihm Selbst; im Bilden wird das für-sich-Sein sein eigenes, das Bewusstsein, selbst und für sich zu sein entsteht. Die Furcht vor dem Herrn und der Zwang zur Arbeit ist somit die Bedingung für das knechtische Bewusstsein.

Durch die Arbeit verändert sich nicht nur die Natur, die natürliche Welt, sondern auch der Mensch selbst, er wird Herr über die Natur. Er kann sich selbst denken, das Bilden wird bis zum Denken gesteigert, und so im Stoizismus Freiheit erfahren. Dies ist aber auch nur die Freiheit in Gedanken, die ohne Erfüllung im Leben ist. Daher negiert das Bewusstsein die Wirklichkeit, um diese Freiheit im Stoizismus zu realisieren. Daraus resultiert sich, dass seine Gedanken nicht mit der Wirklichkeit übereinstimmen, es erkennt seine Freiheit als widerspruchsvoll und verliert sich, Tun und Gedanken widersprechen sich. Es erlebt ein Bewusstsein, dass gleichzeitig ein gedoppeltes Bewusstsein ist und wird zum unglückliches Bewusstsein. Als unglückliches Bewusstsein erfährt es, dass es selbst die Mitte zwischen den Extremen von Wandelbarkeit und Unwandelbarkeit, dem Diesseits und dem Jenseits, ist, und versucht diese zwei Momente zusammenzubringen, wobei es letztendlich für die Freiheit Verzicht im Diesseits büßt. Alle Momente des Selbstbewusstseins, Herrschaft und Knechtschaft, Dienen und Zucht, Arbeit und Bildung, deuten auf die gesellschaftliche Ordnung. Für Hegel ist Freiheit das, was im Staat durch die Vernunft notwendig ist. Das Bewusstsein findet seine Freiheit in einem von ihm ohne Moral, als institutionell vernünftig gedachten Staat.

5. Fazit

Hegel zeigt auf, dass das Selbstbewusstsein durch interaktive und tätige Anerkennung gebildet ist. Die dialektische Bewegung des Bewusstseins durch den Weg der Erfahrung bis hin zum Bewusstsein seiner selbst ist ebenso konstruktiv, denn durch die Aufhebung wird dabei sehr deutlich, dass Erfahrung Veränderung schafft und Entwicklung ermöglicht. Die Freiheit entwickelt sich durch die Erfahrung der Arbeit, des Verzichts und der gesellschaftlichen institutionellen Ordnung. Das knechtische Bewusstsein entwickelte sich letztendlich, indem es zum Dienen und zur Arbeit gezwungen wurde. Somit konnte es sich durch die Arbeit weiterbilden, die Natur bearbeiten und formen, mit der Folge, dass es Herr über die Natur wurde, und sich aus der Unselbstständigkeit befreien konnte. Der Knecht wird sich seiner selbst Gewiss, dass Herr-Knecht-Verhältnis wird aufgehoben, sodass er sich aus der gemeinsamen Einheit loslöst. Demzufolge hätte ohne die Furcht vor dem Tod, dem Zwang zum Dienen und zur Arbeit, hätte er sich diese Bildung nicht aneignen und somit auch nicht emanzipieren können.

Die idealistische Perspektive, die Hegel in der Phänomenologie des Geistes vertritt, zeigt, dass Abhängigkeit nur ein Übergangszustand ist, der irgendwann überwunden wird und im absoluten Wissen mündet.

Literaturverzeichnis

Hegel, Georg Wilhelm Friedrich: Phänomenologie des Geistes. Werke 3. Frankfurt am Main, 1970.

Hegel, Georg Wilhelm Friedrich: Grundlinien der Philosophie des Rechts. Werke 7. Frankfurt am Main, 1970

Hegel, Georg Wilhelm Friedrich: Enzyklopädie der philosophischen Wissenschaften II und III. Werke 9 und 10. Frankfurt am Main, 1970

BEI GRIN MACHT SICH IHR WISSEN BEZAHLT

- Wir veröffentlichen Ihre Hausarbeit, Bachelor- und Masterarbeit

- Ihr eigenes eBook und Buch - weltweit in allen wichtigen Shops

- Verdienen Sie an jedem Verkauf

Jetzt bei www.GRIN.com hochladen und kostenlos publizieren